Inhalt

Mobilkommunikation - T-Com startet mit einem Universaltelefon ins Fixed Mobile Convergence-Zeitalter

GENIOS WirtschaftsWissen Nr. 08/2006 vom 07.08.2006

Mobilkommunikation - T-Com startet mit einem Universaltelefon ins Fixed Mobile Convergence-Zeitalter

M.Westphal

Kernthesen

- Fixed Mobile Convergence ermöglicht das Telefonieren mit nur einer Rufnummer von Zuhause und unterwegs.
- Mobilfunkanbieter wie Festnetzbetreiber versuchen jeweils mit ihren Technologien die Kunden für diese Zukunft des Telefonierens zu gewinnen.
- Die Deutsche Telekom will mit dem FMC-

Dienst T-One seine Kunden binden und neue hinzugewinnen.

Beitrag

Mobilfunk- wie Festnetzanbieter propagieren derzeit nur eine Vision, die des einen Telefons mit einer Rufnummer für Zuhause und unterwegs. Das resultiert dann auch nur noch in einer Rechnung und einer Mailbox und benötigt ein intelligentes Telefonnetz, welches den Angerufenen dort lokalisiert, wo er sich gerade befindet und darüber hinaus auch den günstigsten Kommunikationskanal wählt.

Fixed Mobile Convergence ist die Zukunft des Telefonierens

Das unter dem Schlagwort Fixed Mobile Convergence (FMC) vermarktete Modell ist für die Mobilfunk- und Festnetzbetreiber die Zukunft des Telefonierens. (1), (3)
Der zentrale Vorteil eines solchen Systems ist, dass die Nutzer nicht zwischen den verschiedenen Endgeräten für die unterschiedlichen Kommunikationsmedien wechseln müssen, sondern ein einziges Endgerät nutzen können. (3)

Das entsprechende Endgerät stellt auch über das Firmennetzwerk oder den verbundenen Heimcomputer im Terminplan fest, dass der Angerufene gerade nicht erreichbar ist und leitet automatisch auf die Voice-Mail um.

Allerdings spaltet sich bei der Frage, wer Anbieter dieser zukünftigen Services sein wird, die Branche in zwei Lager mit nahezu unvereinbaren Konzepten. Auf der einen Seite gibt es die Festnetzbetreiber, die ihre stationären Angebote erweitern wollen. Auf der anderen Seite gibt es die Mobilfunkbetreiber, die die Festnetztelefonie komplett durch ihre mobilen Dienste ersetzen möchten. (3)

Ein erster Ansatz zu einem FMC-Konzept wird seit einigen Jahren vom Mobilfunkanbieter O2 mit seinem Genion-Dienst verfolgt. In der Netzzelle "Homezone" werden hierbei die Telefonate zu günstigeren Konditionen abgerechnet. (3)

Die Substitution des Festnetzes durch den Mobilfunk bereitet den Festnetzanbietern große Sorge

Bei der Deutschen Telekom kündigen bis zu 150 000 Haushalte pro Monat ihren Festnetzanschluss. Neben den klassischen Konkurrenten wie Arcor oder

Hansenet kommen auch immer mehr Mobilfunkanbieter und eine Vielzahl kleinerer, flexiblerer Unternehmen auf den Markt, die versuchen, Internet und Telefonie miteinander zu verknüpfen. (6)

Die Substitution des Festnetzes durch den Mobilfunk bereitet den klassischen Festnetzanbietern Sorgen. Zwar werden in Deutschland derzeit weniger als 20 Prozent der Telefonate mit dem Handy geführt, aber die Angebote der Mobilfunkanbieter wie das Genion-Konzept des Providers O2 oder das "Zuhause"-Angebot von Vodafone führen zu zunehmendem Abzug der Telefonate aus dem Festnetz. (3)

Viele Telekommunikations-Unternehmen haben die Festnetztelefonie als Geldquelle nahezu abgeschrieben.
Großbritannien hat bereits beschlossen, das Festnetz auf das Internet-Protokoll umzustellen. (1)

Die Festnetzanbieter versuchen, durch neue zusätzliche Komfortdienste, die Nutzer bei der Stange zu halten. So arbeiten die Festnetzgeräte, die inzwischen vom optischen her an Handys erinnern, über den DECT-Standard für drahtlose Festnetztelefonie oder aber über drahtlose Datenübertragung via Bluetooth oder WLAN. (3) Festnetzanbieter wie Arcor, T-Com und Freenet wollen dem zunehmenden Schwund an Festnetzteilnehmern entgegen wirken und nehmen die Mobilfunkunternehmen ins Visier. Sie setzen auf Festnetztelefone, die auch mobil funktionieren. Diese Dual Mode-Handys sehen optisch aus wie Handys und wählen sich beim Verlassen des Festnetzbereichs der via WLAN oder VoIP erschlossen wird ins mobile GSM-Netz.

Jeder Kunde kann die Stärken von Festnetz und Mobilfunk nutzen. Er erhält ein Endgerät, welches sämtliche Telefonate übernimmt und eine Fest- und eine Mobilfunknummer hat. Einstellungen wie Klingelton, Adressbuch oder Online-Anrufbeantworter müssen nur für ein Gerät gepflegt werden. (7)

Die Telekom will mit ihrem T-One-Angebot die Fixed-Mobile-Convergence zum eigenen Gunsten vorantreiben

Im Juni wurde die Wiedervereinigung von T-Online und der T-Com endgültig beschlossen. Das gemeinsame Hauptprodukt wird T-One sein. (1) T-One soll im September 2006 starten und dem Nutzer mit dem Endgerät TC 300 Telefonate Zuhause wie aber auch unterwegs ermöglichen. Im Gegensatz zu ähnlichen Angeboten der Mobilfunkanbieter basiert diese Technologie der T-Com auf dem Festnetz und der DSL-Technologie. Alle Nutzer sind über ihre Festnetznummer überall erreichbar.

Das TC 300-Endgerät bietet Funktionalitäten wie ein Handy wie z. B. Farbdisplay, integrierte Kamera und MMS-Funktionalität. (1), (5)

Es wird das erste Endgerät sein, welches die Vorteile von Mobilfunk und Festnetz vereint. (2)

Es dürfen Zuhause bis zu vier Telefone mit eigenen Nummern die entsprechende Flatrate von geplanten 9,95 Euro gemeinsam nutzen. So wird das Telefonieren insgesamt umso günstiger, desto mehr Familienmitglieder T-One nutzen. Allerdings erlaubt die Technik nur das Telefonieren von zwei Personen gleichzeitig. (1), (2)

T-One sucht automatisch das günstigste Funknetz, welches auch im Display angezeigt wird. Zuhause wird die Verbindung via Funkrouter und WLAN über den DSL-Anschluss sichergestellt. Unterwegs kann einer der etwa 7 500 WLAN-Hotspots der Telekom genutzt werden. Erst wenn auch diese Festnetzinfrastruktur nicht verfügbar ist, wählt das Telefon sich über die teurere Mobilfunkvariante in das T-Mobile-Netz ein. (2)

Grund dafür, dass maximal zwei gleichzeitige Telefonleitungen zur Verfügung gestellt werden ist die in Deutschland großenteils verbaute DSL-

Technologie, die nahezu immer auf asynchronem DSL basiert. Das bedeutet, dass die Downstream-Raten, mit denen Dateien und ähnliches aus dem Netz herunter geladen werden, hoch sind. Die Upstream-Raten sind aber recht niedrig. Für die Surfbedürfnisse des Normalverbrauchers ist diese Aufteilung sicher unproblematisch. Das Telefonieren über DSL schickt im Upload aber Audio-Daten in das Netz und das erfordert eine nicht zu unterschätzende Bandbreite. (1)

Dieses Problem kann ebenfalls im WLAN-Netz der Telekom-Hotspots auftreten, welche von T-One als günstige Alternative zum Handynetz automatisch genutzt werden, wenn immer es möglich ist. Auch diese Netze nutzen größtenteils DSL. (1)

T-Com erwartet für Ende 2007 eine halbe Million Kunden, die T-One nutzen werden. Das könnte dann dazu führen, dass in Flughäfen, Bahnhöfen, Cafes und Ballungszentren bald immer der am billigsten telefoniert, der zuerst kommt. (1), (2)

Während die Telekom auf sein T-One-Konzept setzt, vermarktet der britische Anbieter BT-Group in Großbritannien schon seit anderthalb Jahren einen FMC-Endkundendienst, der GSM- und UMTS-Mobiltelefone automatisch via Bluetooth in die heimische Basisstation einbucht, sobald diese verfügbar ist.

Basis für ein solches intelligentes Routing ist ein

konvergentes Netz, welches auf dem Internet Protokoll (IP) basiert. BT arbeitet beim Aufbau dieser Infrastruktur mit Alcatel zusammen.

Nach und nach verschwinden so die technischen Grenzen, die Festnetz und Mobilfunk trennen. Allerdings hat das auch seinen Preis, so wird alleine BT etwa 15 Milliarden Euro in die neuen Netze investieren. (3)

BT hat für seinen Dienst "BT Fusion" in den vergangenen drei Quartalen aber erst 30 000 Kunden gewinnen können. Deshalb glauben Fachleute, dass es noch lange dauern könnte, bis es sich im Markt breiter durchsetzen wird. (3)

Mit verantwortlich an der langsamen Penetration ist die noch geringe Anzahl FMC-fähiger Endgeräte. So bietet die T-Com für ihren T-One-Dienst zunächst nur ein einziges Gerät an, welches aber nicht unbedingt jeden Geschmack trifft und damit Probleme bereitet, die Marktpotenziale komplett zu erreichen. (3)

Die Mobilfunkanbieter versuchen, die Fixed-Mobile-Convergence auf mobiler Technologie aufzusetzen

Die Mobilfunkangebote wie O2 Genion, T-

Mobile@Home oder Vodafone Zuhause sowie die inzwischen massenmarkttauglichen Mobilfunkpreise verstärken den Trend des Wechsels weg von den Festnetzanbietern. (7)

Die Mobilnetzbetreiber können hier auf eine größere Anzahl attraktiver Geräte zurückgreifen. So lassen sich die Serie-60-Geräte von Nokia seit vergangenem Herbst mittels der Installation von Software des IP-Telefonie-Spezialisten Avaya aufrüsten. Damit wird den Geräten ermöglicht, sich in ein virtuelles Festnetztelefon zu verwandeln, welches an eine IP-Telefonanlage angeschlossen wird und so Funktionen wie Konferenzschaltungen oder Weiterleitungen nutzen kann. (3)

Mobilfunkunternehmen stellen über Kooperationen mit Internetprovidern sicher, dass WLAN-Funknetze auch für daheim genutzt werden können, in die sich das Handy einbucht. (3)

Die Allianz zwischen E-Plus und Freenet ermöglicht eine Kombination aus Mobilfunk und DSL. Vodafone ist inzwischen froh, dass man der Versuchung widerstand, die deutsche Festnetztochter Arcor zu verkaufen, da sie auch WLAN- und DSL-Zugänge anbietet, die jetzt benötigt werden. (3)

Die Technologien, auf denen

Fixed-Mobile-Convergence basieren, bereiten noch einige Probleme

Problematisch für den Durchbruch der VoIP-Telefonie ist die Vergabe der Telefonnummern. Die deutsche Bundesnetzagentur hat nach der experimentellen Anfangsphase eingegriffen und versucht die Nummern jetzt geordnet zuzuweisen. [4] Allerdings ist es der Wunsch der Nutzer natürlich über ein Gerät mit einer einzigen Nummer überall erreichbar zu sein. Dieser so genannte "Dual Mode"-Modus wird sich in den kommenden Jahren durchsetzen. [4]

Die Probleme von Telefonaten über kabellose WLAN-Verbindungen bestehen in der weitaus einfacheren Abhörbarkeit. [4]
Spam in der Form von Massen-Werbebotschaften wird jetzt über VoIP ein neues Medium bekommen und damit auch Einzug in die Sprachtelefonie halten. Denn wie beim Versand von E-Mails entstehen nur geringe Kosten. Ein entsprechend programmierter Computer kann bis zu 1 000 Anschlüsse pro Minute anrufen und dort dann seine unerwünschten Reklame-Sprüche abladen. [4]

Fallbeispiele

Die T-Com hat derzeit 35 Millionen Festnetzkunden. Bis Ende 2007 sollen 500 000 T-One-Geräte verkauft werden. So muss jedem 70zigsten Kunden dieser Dienst verkauft werden. Arcor hat aktuell 1,3 Millionen Festnetzkunden von denen 1,1 Millionen auch DSL nutzen. Arcor müsste also, um ein ähnliches Volumen zu generieren, jedem zweiten seiner Kunden diese Lösung verkaufen, was ein nahezu unmögliches Unterfangen darstellt. Somit hat in diesem Bereich die Deutsche Telekom aufgrund ihrer Marktmacht einen deutlichen Vorteil in der Penetration dieses Dienstes. (6)

Bisher nutzen die Anbieter Arcor, sipgate und freenet einen Trick, um ihre Dual Mode-Handys von WLAN-Hotspots auf ein GSM-Gespräch wechseln zu lassen. Das Gespräch wird beim Verlassen des Hotspots kurz unterbrochen und es wird ein GSM-Anruf aufgebaut. Diese nicht wirklich wünschenswerte Unterbrechung des Telefonats soll bei der T-Com im T-One-Service mit WLAN-fähigen Smartphones wie den Nokias N80 und E60 noch heuer der Vergangenheit angehören. Die beiden Geräte werden die ersten Geräte von Nokia sein, die SIP-basierte Internet-Gespräche beherrschen. (8)

Auf der CeBIT 2006 wurden auf dem Arcor-Stand 20 Dual Mode-Geräte von vier chinesischen und taiwanesischen Original Design Manufacturers (ODM) UTStarcom, Foxcom, Gtek und Q-Tek - gezeigt.
Diese Geräte brauchen im WLAN mit ihren Akkus 200 Stunden Standby-Zeit nicht zu erreichen, da im heimischen Bereich die Ladestation nahe ist, im GSM-Betrieb jedoch schon.
Alle Anbieter der Dual Mode-Technologie, egal ob Internet-Service-Provider oder Festnetzbetreiber hatten mit den gleichen Problemen zu kämpfen. Da die Mobilfunkbetreiber diese aufkommende Konkurrenz fürchten, war keiner der Handyhersteller wie Nokia, Motorola oder Samsung zu einer Dual Mode-Kooperation zu bewegen, da man Sanktionen von Seiten seiner Hauptkunden, also den Mobilfunkbetreibern, fürchtete. (9)

Die Firma AVM hat mit seiner FRITZ!Box Fon ein Kombinationsgerät auf den Markt gebracht, welches als DSL-Modem und Telefonanlage fungiert. Es können die gewohnten analogen und ISDN-Apparate zur Gesprächsführung via Internet oder Festnetz genutzt werden. Für den Betrieb ist es nicht ausschlaggebend, ob die angeschlossenen PCs angeschaltet sind. (4)

Weiterführende Literatur

(1) Koesch, Sascha / Stadler, Robert, Es kann nur eines geben, Spiegel Online, 12.07.2006
aus kress report vom 19.05.2006, Nr. 10, S. 30

(2) Angriff auf die Mobilfunker
aus WW NR. 028 VOM 10.07.2006 SEITE 013

(3) Telekommunikations-Trends Mobilität soll die Kunden locken
aus HANDELSBLATT online 29.06.2006 08:00:00

(4) Dorau, Ute, Kommunikation, Wortwechsel in der Web-Welt, Focus-Money, 28.06.2006, Ausgabe 27, S. 58 61
aus HANDELSBLATT online 29.06.2006 08:00:00

(5) T-Com startet Testphase von T-One - Bewerbungen noch möglich
aus PC-Welt, Meldung vom 05.05.2006

(6) Im Stresstest Weit mehr als 100 000 Festnetzkunden kündigen jeden Monat vergrätzt bei der Telekom und wechseln zur Konkurrenz. Viel Ärger für Vorstandschef Kai-Uwe Ricke, der endlich gegenhalten muss. Deutsche Telekom
aus Capital vom 27.04.2006, Seite 34

(7) DUAL-MODE-TELEFONE Festnetzanbieter wappnen sich
aus IT Business, Heft 12/2006, S. 14

(8) Nokia und Telekom kooperieren für nahtlose Connectivity
aus PC-Welt, Meldung vom 14.03.2006

(9) Abenteuer Dual-Mode
aus VDI NR. 11 VOM 17.03.2006 SEITE 22

Impressum

Mobilkommunikation - T-Com startet mit einem Universaltelefon ins Fixed Mobile Convergence-Zeitalter

Bibliografische Information der deutschen Nationalbibliothek

Die Deutsche Nationalbibliothek verzeichnet diese Publikation in der deutschen Nationalbibliografie; detaillierte bibliografische Daten sind im Internet über http://dnb.d-nb.de abrufbar.

ISBN: 978-3-7379-0319-6

© 2015 GBI-Genios Deutsche Wirtschaftsdatenbank GmbH, Freischützstraße 96, 81927 München, www.genios.de

für auszugsweise Nachdrucke, fotomechanische Vervielfältigungen (Fotokopie/Mikroskopie), Übersetzungen, Auswertungen durch Datenbanken oder ähnliche Einrichtungen und die Einspeicherung und Verarbeitung in elektronischen Systemen.

www.ingramcontent.com/pod-product-compliance
Lightning Source LLC
Chambersburg PA
CBHW061821210326
41599CB00034B/7081